AF222239

Impressum
Verlag: BABADADA GmbH, Nedderfeld 112 , 22529 Hamburg
Geschäftsführer / Verlagsleitung: Harald Hof
Druck: Books on Demand GmbH, In de Tarpen 42, 22848 Norderstedt

Imprint
Publisher: BABADADA GmbH, Nedderfeld 112 , 22529 Hamburg, Germany
Managing Director / Publishing direction: Harald Hof
Print: Books on Demand GmbH, In de Tarpen 42, 22848 Norderstedt

lekol
colegio

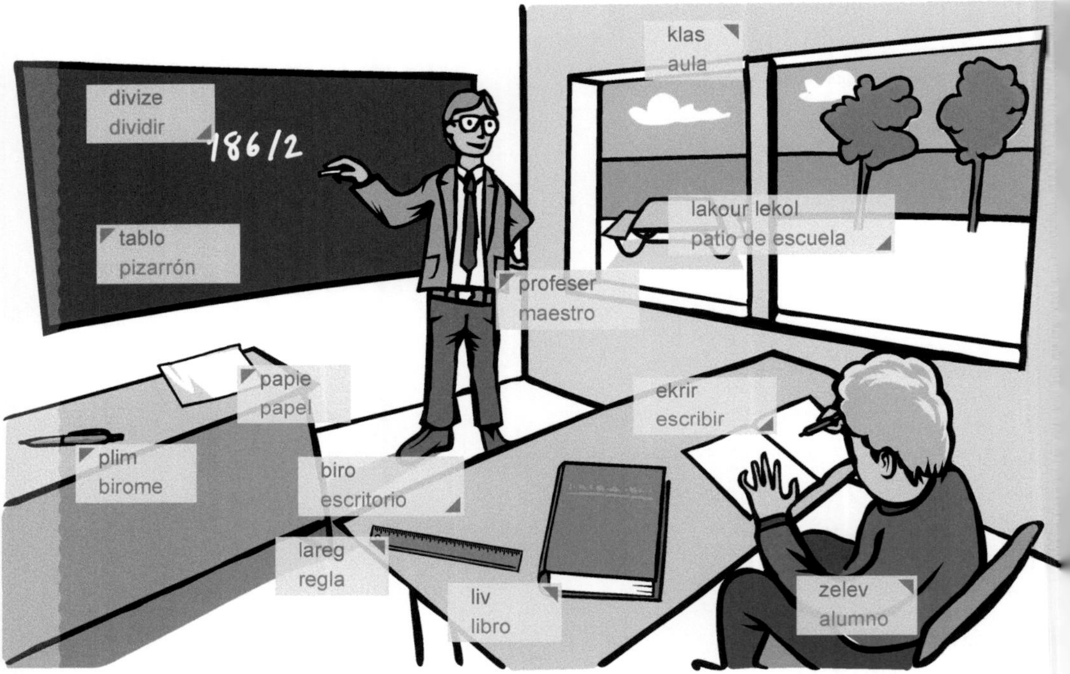
klas
aula
divize
dividir
186/2
tablo
pizarrón
lakour lekol
patio de escuela
profeser
maestro
papie
papel
ekrir
escribir
plim
birome
biro
escritorio
lareg
regla
liv
libro
zelev
alumno

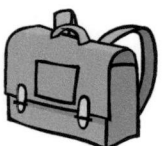

sak lekol

mochila

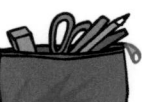

plimie

caja de lápices

kreyon

lápiz

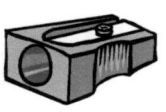

egizwar

sacapuntas

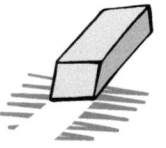

gom

goma (de borrar)

kaye desin

bloc de dibujo

desin

dibujo

pinso

pincel

bwat lapintir

caja de pinturas

sizo

tijera

lakol

pegamento

kaye devwar

cuaderno de ejercicios

devwar

tarea

nimero

número

azoute

sumar

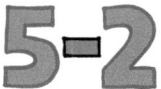

retire

restar

miltipliye

multiplicar

kalkile

calcular

let

letra

alfabet

abecedario

mo

palabra

text

texto

lir

leer

lakre

tiza

leson

lección

rezis

cuaderno de clase

lexame

examen

sertifika

certificado

iniform lekol

uniforme escolar

ledikasion

educación

lansiklopedi

enciclopedia

liniversite

universidad

mikroskop

microscopio

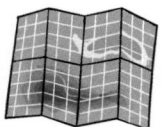

map

mapa

poubel

tacho (de basura)

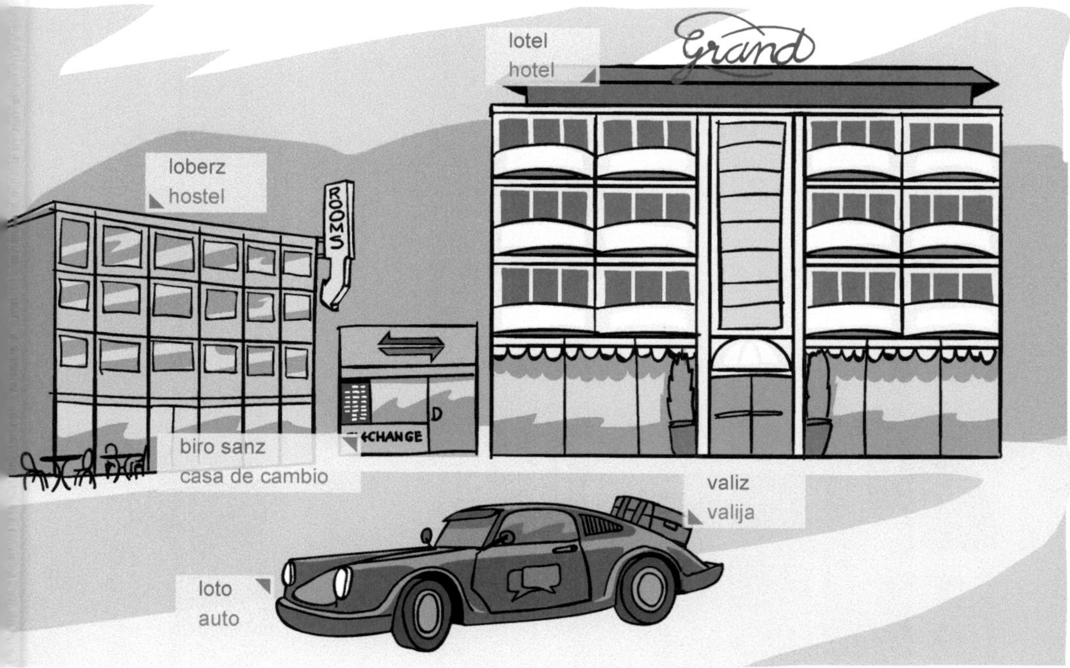

lotel
hotel
Grand
loberz
hostel
ROOMS
biro sanz
casa de cambio
EXCHANGE
valiz
valija
loto
auto

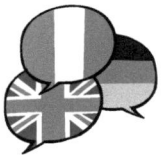

langaz
idioma

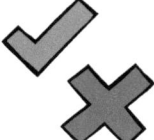

wi / non
sí / no

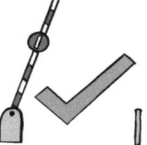

okay
Está bien

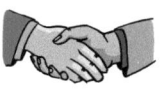

Alo
hola

tradikter
traductor

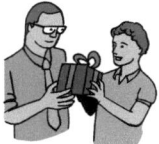

Mersi
Gracias

komie sa..?

¿cuánto cuesta…?

Mo pa pe konpran

No entiendo

problem

problema

Bonswar!

¡Buenas tardes!

Bonzour!

¡Buenos días!

Bonn nwi!

¡Buenas noches!

o-revwar

adiós

direksion

dirección

bagaz

equipaje

sak

bolso

sak-a-do

mochila

ot

invitado

pies

habitación

sak kousaz

bolsa de dormir

latant

carpa

lofis tourism

información turística

laplaz

playa

kart kredi

tarjeta de crédito

ti-dezene

desayuno

dezene

almuerzo

dine

cena

biye

pasaje

lasanser

ascensor

tem

sello

frontier

frontera

ladwann

aduana

lanbasad

embajada

viza

visa

paspor

pasaporte

transpor
transporte

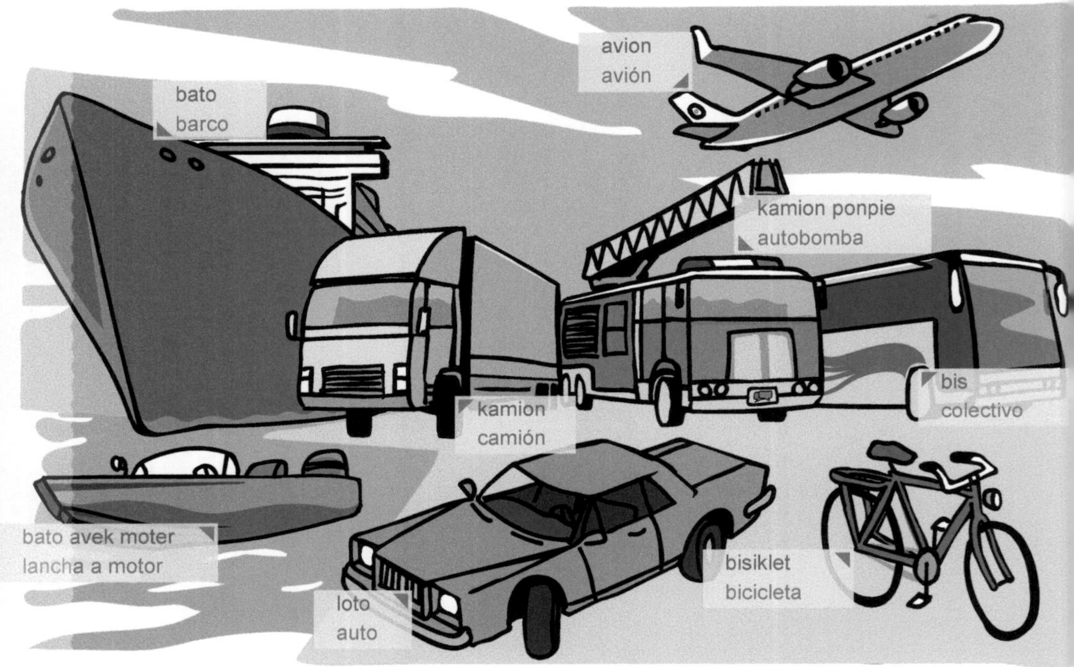
avion
avión
bato
barco
kamion ponpie
autobomba
bis
colectivo
kamion
camión
bato avek moter
lancha a motor
bisiklet
bicicleta
loto
auto

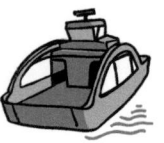

feri

ferry

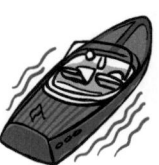

bato

bote

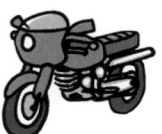

motosiklet

moto

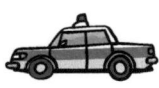

loto lapolis

patrullero

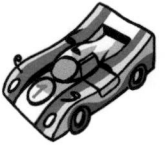

loto lekours

auto de carreras

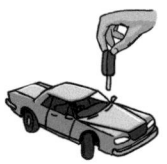

loto lokasion

auto de alquiler

ko-vwatiraz

alquiler de autos

kamion towing

grúa

kamion salte

camión de basura

moter

motor

lesans

nafta

filing

estación de servicio

pano indikasion

señal de tránsito

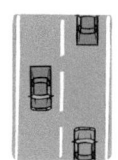

trafik

tránsito

anbouteyaz

embotellamiento

parking

estacionamiento

stasion trin

estación de tren

ray

vías

trin

tren

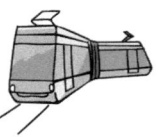

tram

tranvía

vagon

vagón

elikopter

helicóptero

aeropor

aeropuerto

towing

torre

pasaze

pasajero

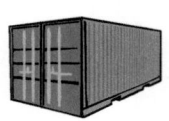

kontener

contenedor

karton

caja de cartón

sario

carretilla

panie

canasta

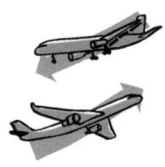

dekole / aterir

despegar / aterrizar

lavil

ciudad

vilaz

pueblo

sant-vil

centro de ciudad

lakaz

casa

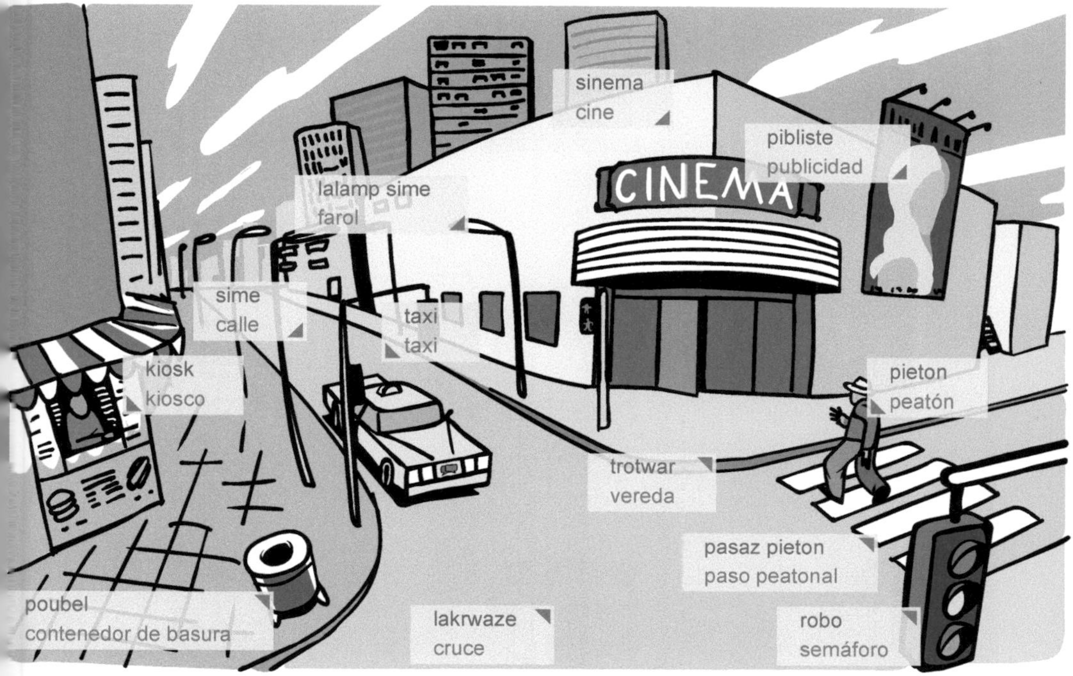

sinema
cine

pibliste
publicidad

lalamp sime
farol

sime
calle

taxi
taxi

kiosk
kiosco

pieton
peatón

trotwar
vereda

pasaz pieton
paso peatonal

poubel
contenedor de basura

lakrwaze
cruce

robo
semáforo

kabann

cabaña

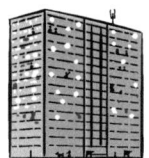

flat

departamento

stasion trin

estación de tren

minisipalite

municipalidad

mize

museo

lekol

colegio

liniversite

universidad

labank

banco

lopital

hospital

lotel

hotel

farmasi

farmacia

biro

oficina

libreri

librería

magazin

negocio

fleris

florería

sipermarse

supermercado

bazar

mercado

gran magazin

grandes tiendas

pwasonnri

pescadería

sant komersial

centro comercial

lepor

puerto

park
parque

labank
banco

pon
puente

leskalie
escaleras

metro
subte

tinel
túnel

bistop
parada del colectivo

bar
bar

restoran
restaurante

bwat-a-let
buzón

pano
letrero

parkmet
parquímetro

zoo
zoológico

pisinn
pileta

moske
mezquita

laferm

granja

polision

contaminación

simitier

cementerio

legliz

iglesia

lespas pou zwe

juegos infantiles

tanp

templo

peizaz

paisaje

fey
hoja

pano indikasion
poste indicador

sime
camino

preri
pradera

ros
piedra

randonner
excursionista

pie
árbol

larivier
río

lerb
hierba

fler
flor

lavale

valle

kolinn

montaña

lak

lago

bwa

bosque

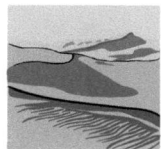

dezer

desierto

volkan

volcán

sato

castillo

larkansiel

arco iris

sanpinion

champiñón

palmie

palmera

moutik

mosquito

mous

mosca

fourmi

hormiga

abey

abeja

zarenie

araña

peizaz - paisaje

koksinel

escarabajo

grenouy

rana

ekirey

ardilla

erison

erizo

lapin

liebre

ibou

lechuza

zwazo

pájaro

sign

cisne

sangliye

jabalí

serf

ciervo

elan

alce

dam

presa

eolienn

aerogenerador

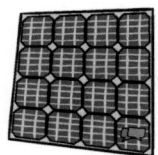

pano soler

panel solar

klima

clima

restoran
restaurante

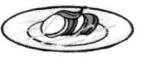

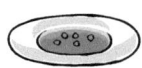

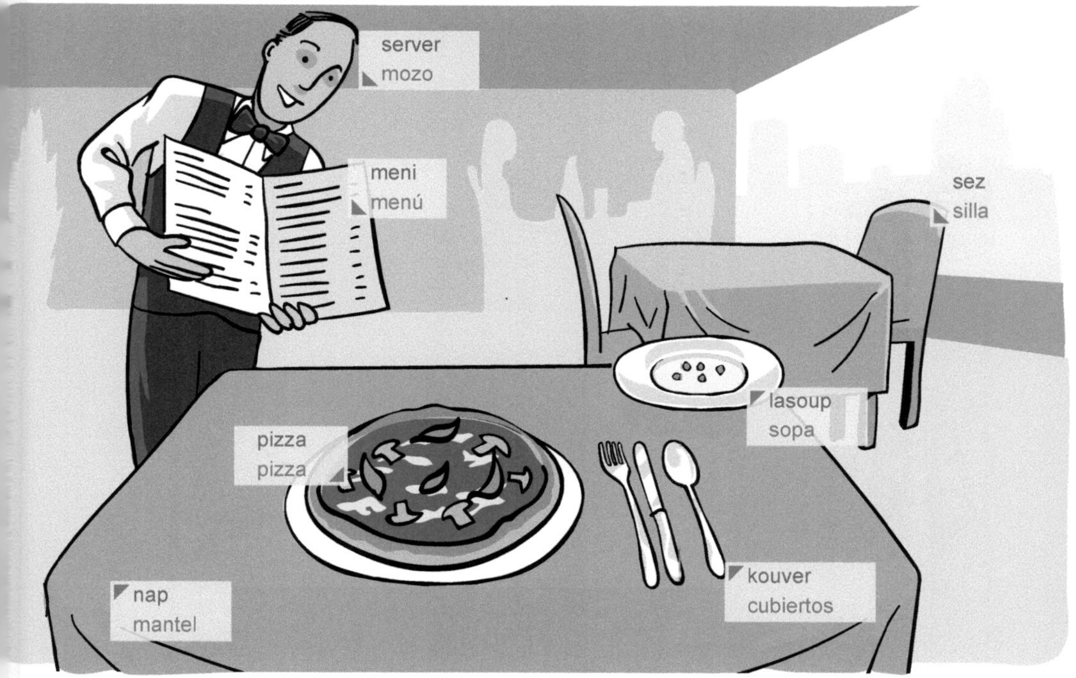

server
mozo
meni
menú
sez
silla
lasoup
sopa
pizza
pizza
kouver
cubiertos
nap
mantel

lantre

entrada

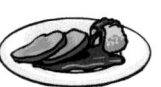

pla prinsipal

plato principal

deser

postre

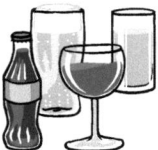

labwason

bebidas

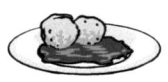

manze

comida

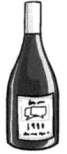

boutey

botella

fast food
comida rápida

take-away
comida callejera

teyer
tetera

po disik
azucarera

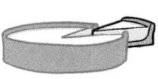

porsion
porción

masinn expresso
cafetera expreso

sez-ot
sillita alta

bill
cuenta

plato
bandeja

kouto
cuchillo

fourset
tenedor

kwiyer
cuchara

ti-kwiyer
cucharita

serviet
servilleta

ver
vaso

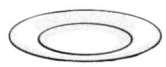

lasiet
plato

lasiet
plato hondo

soukoup
plato

lasos
salsa

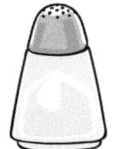

po disel
salero

moulin dipwav
molinillo de pimienta

vineg
vinagre

delwil
aceite

zepis
especias

ketchup
kétchup

lamoutard
mostaza

mayonez
mayonesa

sipermarse
supermercado

promosion
oferta especial
FOR
klian
cliente
prodwi a baz dile
lácteos
trole
changuito
frwi
fruta

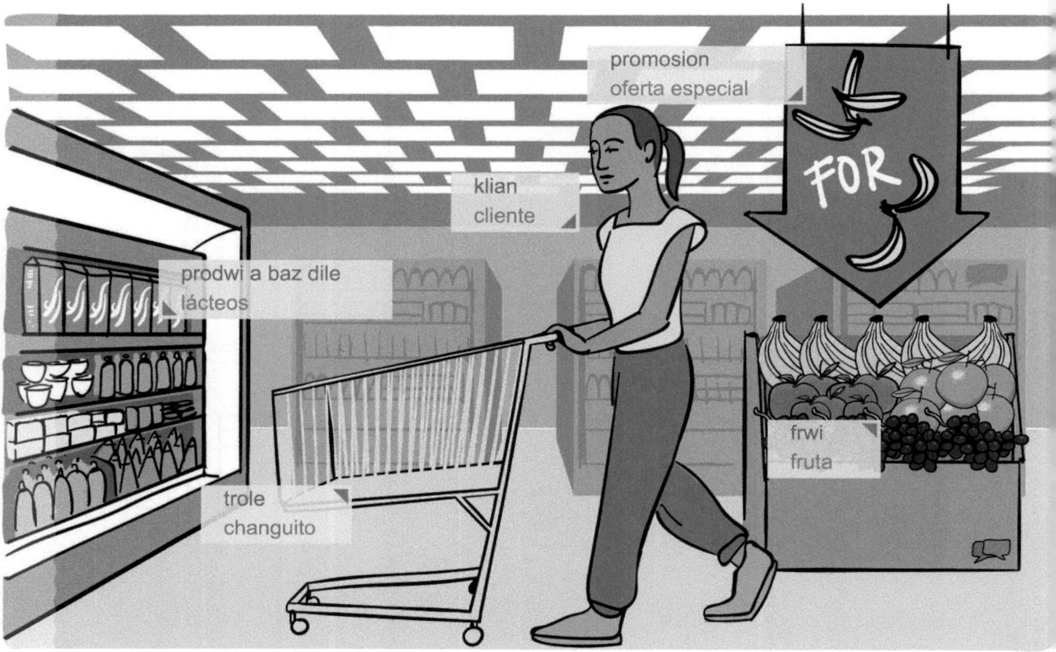

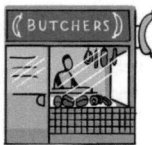

bousri
carnicería

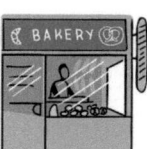

boulanzri
panadería

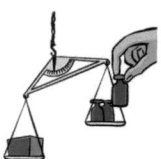

peze
pesar

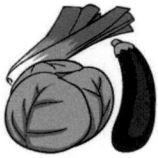

legim
verduras

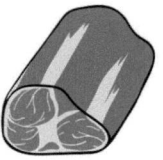

laviann
carne

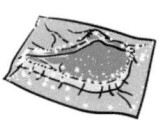

aliman konzele
alimentos congelados

sarkitri

fiambres

bwat konserv

alimentos enlatados

lapoud masinn

detergente en polvo

bonbon

golosinas

komision

electrodomésticos

deterzan

productos de limpieza

vandez

vendedora

lakes

caja

kesie

cajero

lalis komision

lista de compras

ouvertir

horario de atención

portfey

billetera

kart kredi

tarjeta de crédito

sak

cartera

sak plastik

bolsa de plástico

bebidas

delo

agua

zi

jugo

dile

leche

coca

bebida cola

divin

vino

labier

cerveza

lalkol

alcohol

sokola so

cacao

dite

té

kafe

café

expresso

café expreso

cappuccino

cappuccino

banann

banana

pom

manzana

zoranz

naranja

melon

melón

sitron

limón

karot

zanahoria

lay

ajo

banbou

bambú

zwayon

cebolla

sanpiyon

champiñón

nwazet

nueces

minn

fideos

spageti

tallarines

diri

arroz

salad

ensalada

chips

papas fritas

pomdeter frir

papas fritas

pizza

pizza

burger

hamburguesa

sandwich

sándwich

eskalop

churrasco

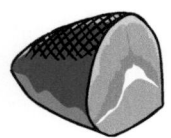

zanbon

jamón

salami

salame

sosis

salchicha

poul

pollo

roti

asado

pwason

pescado

oatmeal

copos de avena

muesli

muesli

kornbif

copos de maíz

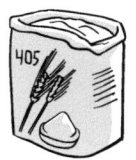

lafarinn

harina

krwasan

medialuna

ti-dipin

pancito

dipin

pan

dipin griye

tostada

biskwi

galletitas

diber

manteca

fromaz blan

cuajada

gato

torta

dizef

huevo

dizef frir

huevo frito

fromaz

queso

sorbe

helado

disik

azúcar

dimiel

miel

konfitir

mermelada

nouga

pasta de chocolate

kari

curry

laferm
granja

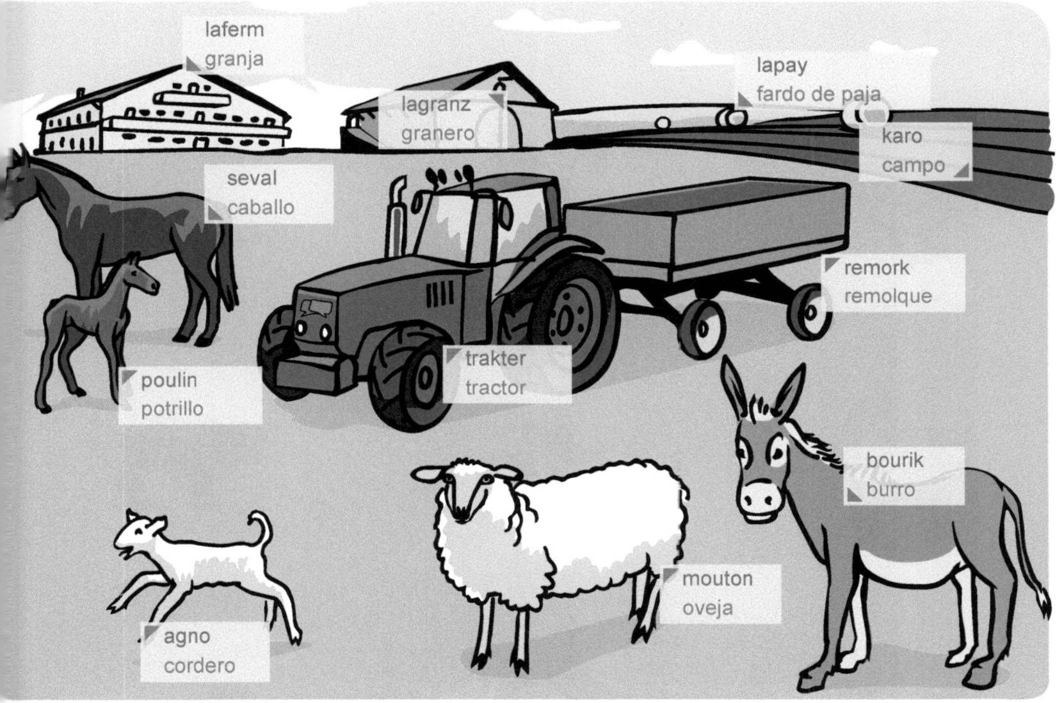

laferm
granja
lagranz
granero
lapay
fardo de paja
karo
campo
seval
caballo
remork
remolque
trakter
tractor
poulin
potrillo
bourik
burro
mouton
oveja
agno
cordero

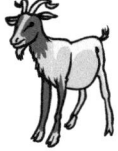

kabri
cabra

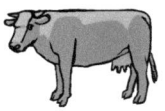

vas
vaca

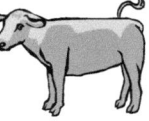

vo
ternero

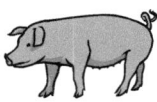

koson
cerdo

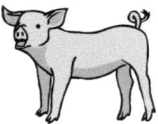

ti-koson
lechón

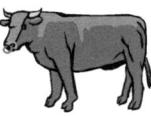

toro
toro

lezwa

ganso

kanar

pato

pousin

pollo

poul

gallina

kok

gallo

lera

rata

sat

gato

souri

ratón

bef

buey

lisien

perro

lakaz lisien

cucha

tiyo

manguera

arozwar

regadera

laserp

guadaña

saret

arado

fosi

hoz

pios

azada

fours

horquilla

lars

hacha

bouret

carretilla

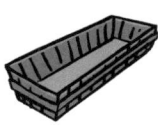

kiv

abrevadero

bwat dile

lechera

sak

bolsa

fencing

reja

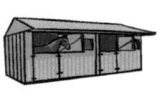

letab

establo

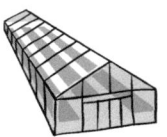

laser

invernadero

later

suelo

lagrin

semilla

langre

fertilizador

masinn pou fer rekolt

cosechadora

rekolte
....
cosechar

rekolt
....
cosecha

ignam
....
batatas

dible
....
trigo

soya
....
soja

pomdeter
....
papa

may
....
maíz

colza
....
semilla de colza

zarb frwitie
....
árbol frutal

maniok
....
mandioca

sereal
....
cereales

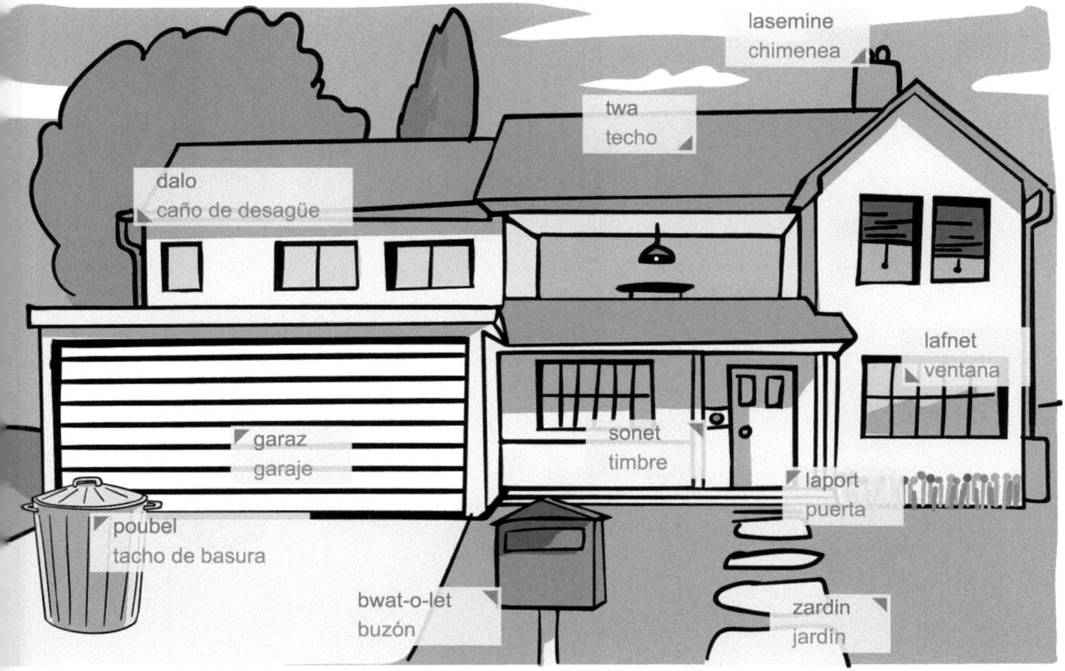

lasemine
chimenea

twa
techo

dalo
caño de desagüe

lafnet
ventana

garaz
garaje

sonet
timbre

laport
puerta

poubel
tacho de basura

bwat-o-let
buzón

zardin
jardín

salon

living

saldebin

baño

lakwizinn

cocina

lasam

dormitorio

lasam zanfan

cuarto de los chicos

salamanze

comedor

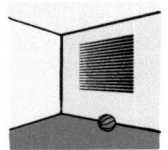

sali
piso

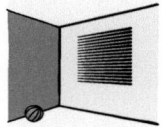

miray
pared

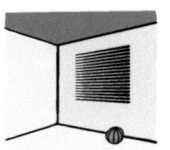

plafon
cielorraso

lakav
sótano

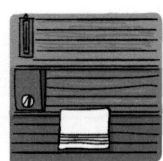

sona
sauna

balkon
balcón

teras
terraza

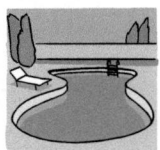

pisinn
pileta

masinn koup gazon
cortadora de pasto

dra
sábana

kwet
acolchado

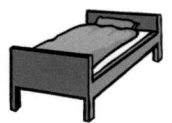

lili
cama

balie
escoba

seo
balde

take lalimier
interruptor

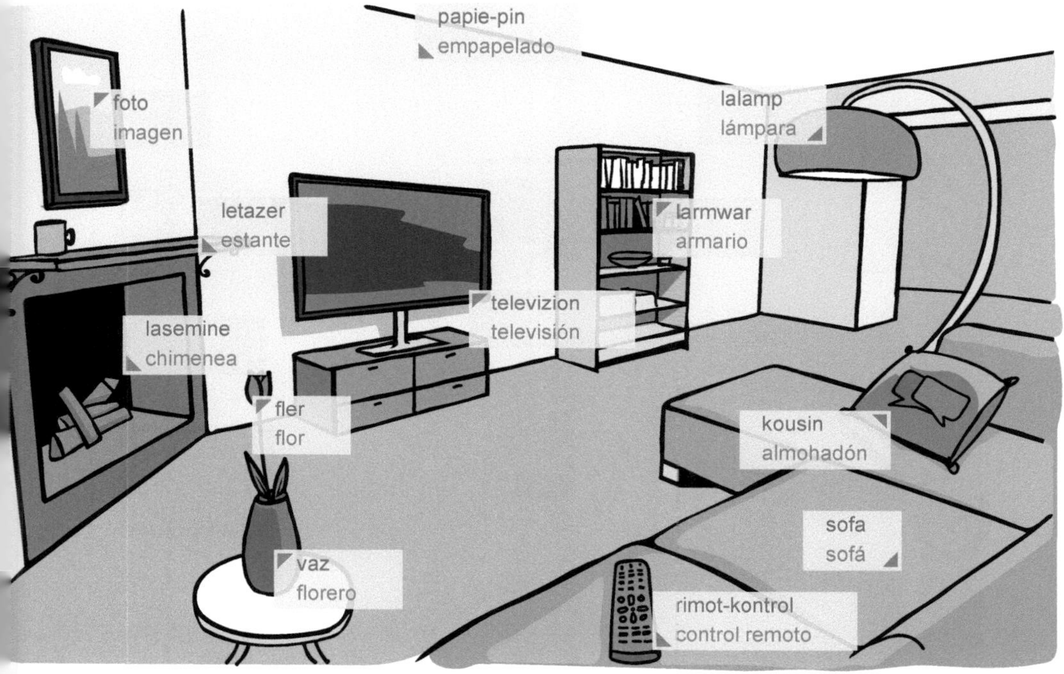

papie-pin
empapelado

lalamp
lámpara

foto
imagen

letazer
estante

larmwar
armario

lasemine
chimenea

televizion
televisión

fler
flor

kousin
almohadón

sofa
sofá

vaz
florero

rimot-kontrol
control remoto

tapi
alfombra

rido
cortina

latab
mesa

sez
silla

rocking chair
mecedora

fotey
sillón

liv

libro

kouvertir

frazada

dekorasion

decoración

dibwa foye

leña

fim

película

hi-fi

equipo de música

lakle

llave

zournal

diario

lapintir

pintura

poster

póster

radio

radio

bloknot

cuaderno

laspirater

aspiradora

kaktis

cactus

labouzi

vela

lakwizinn
cocina

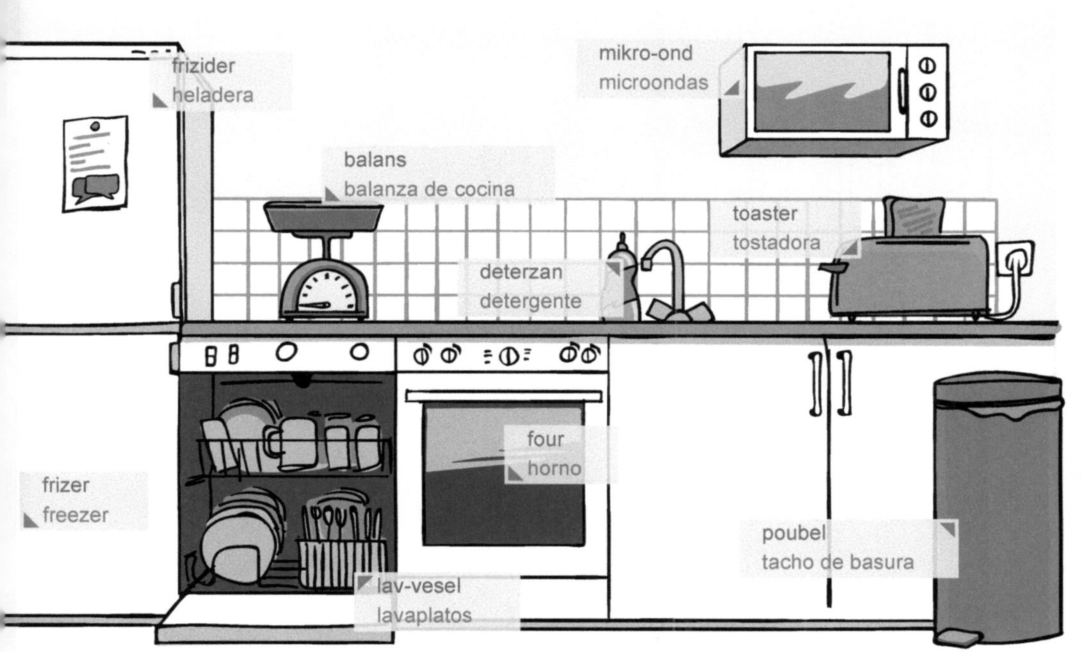

frizider
heladera
mikro-ond
microondas
balans
balanza de cocina
toaster
tostadora
deterzan
detergente
four
horno
frizer
freezer
poubel
tacho de basura
lav-vesel
lavaplatos

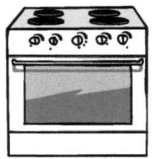

four

cocina

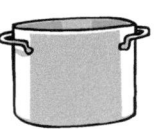

kasrol

olla

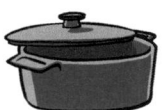

marmit

olla de hierro fundido

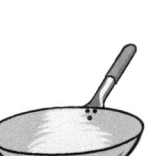

wok

wok

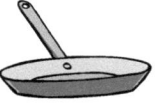

pwal

sartén

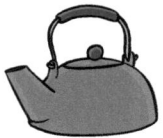

boulwar

pava

steamer

vaporera

plak kwison

bandeja de horno

vesel

vajilla

goble

taza

bol

bol

baget sinwa

palitos

lous

cucharón

spatil

estpátula

fwet

batidora

paswar

colador

tami

colador

larap

rallador

mortie

mortero

griyad

parrilla

lasemine

fogata

biyo

tabla de picar

roulo

palo de amasar

tirbouson

sacacorchos

bwat konserv

lata

ouvbwat

abrelatas

legan proteksion

manopla

lavabo

pileta

bros

cepillo

leponz

esponja

blender

batidora

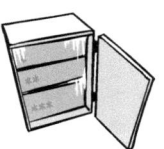

konzelater

congelador

bibron

mamadera

robine

canilla

saldebin

baño

dous
ducha
sofaz
calefacción
serviet
toalla
rido dous
cortina de ducha
bin mousan
baño de espuma
benwar
bañadera
ver
vaso
masinn lave
lavarropas
robine
canilla
karo
baldosas
potsam
pelela
lavabo
pileta

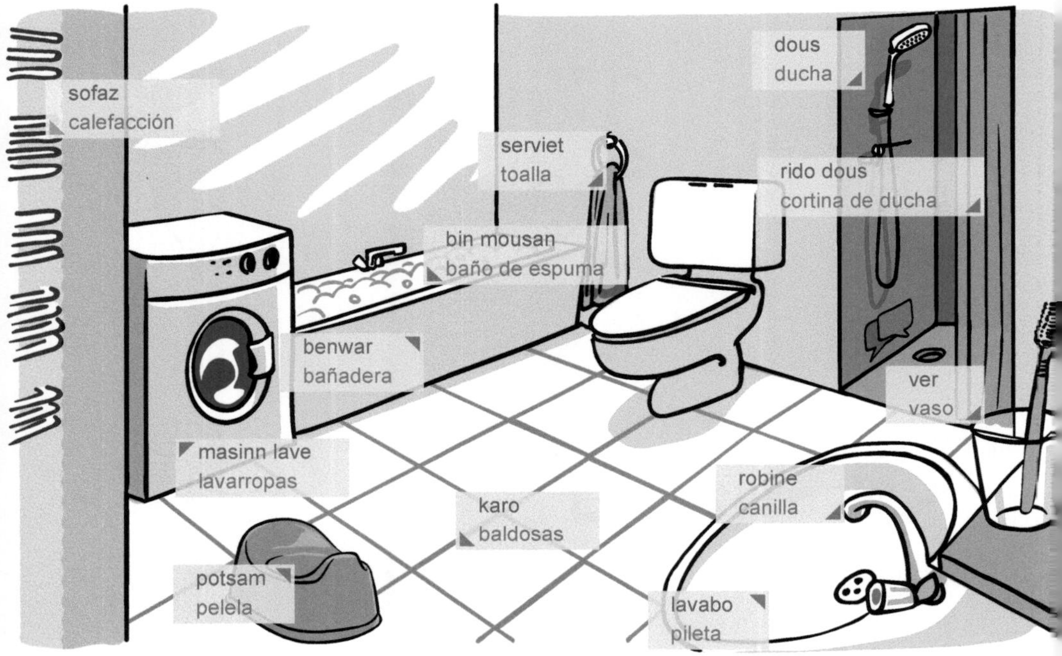

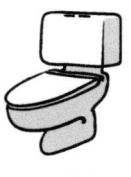

twalet

inodoro

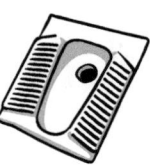

twalet

letrina

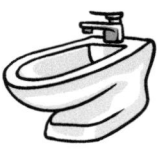

bide

bidé

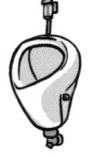

piswar

mingitorio

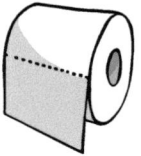

papie twalet

papel higiénico

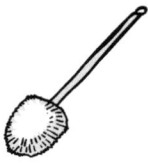

bros twalet

cepillo para el inodoro

bros ledan

cepillo de dientes

dantifris

dentífrico

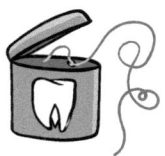

fil danter

hilo dental

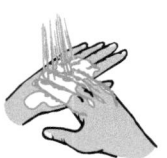

lave

lavar

ti-bin

ducha de mano

dous

ducha higiénica

basin

palangana

bros ledo

cepillo para espalda

savon

jabón

zel dous

gel de ducha

sanpwin

shampoo

gandebin

toallita

drin

desagüe

lakrem

crema

deodoran

desodorante

mirwar

espejo

mirwar

espejito

razwar

maquinita de afeitar

lamous pou raze

espuma de afeitar

apre-razaz

aftershave

pengn

peine

bros

cepillo

seswar

secador de pelo

lak

spray

makiyaz

maquillaje

dirouz

lápiz de labios

verni

esmalte para uñas

cotton wool

algodón

tay-zong

tijera para uñas

parfin

perfume

trous twalet

portacosméticos

stoul

banqueta

balans

balanza

penwar

bata

legan netwayaz

guantes de goma

tanpon

tampón

serviet izienik

toallita femenina

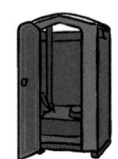

twalet simik

baño químico

cuarto de los chicos

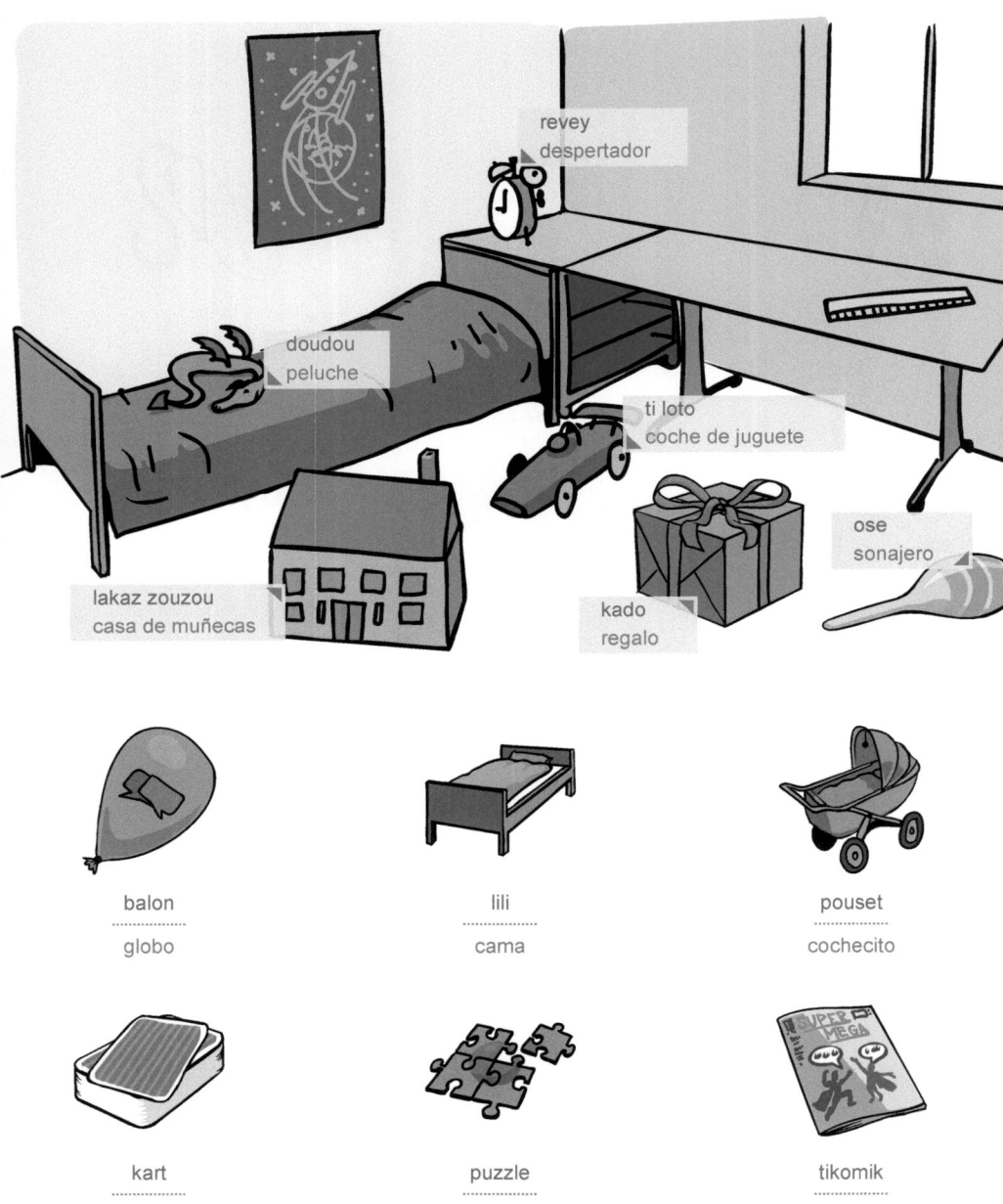

revey
despertador

doudou
peluche

ti loto
coche de juguete

ose
sonajero

lakaz zouzou
casa de muñecas

kado
regalo

balon
globo

lili
cama

pouset
cochecito

kart
cartas

puzzle
rompecabezas

tikomik
historieta

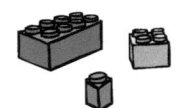

lego

piezas de lego

lego

ladrillos de juguete

figirinn

figura de acción

grenouyer

enterito (de bebé)

frisbee

frisbee

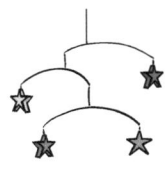

mobil

móvil para bebés

zwe

juego de mesa

lede

dados

trin zouzou

tren eléctrico

siset

chupete

fet

fiesta

liv ek zimaz

libro de cuentos ilustrado

boul

pelota

poupet

muñeca

zwe

jugar

bak-a-sab

arenero

balanswar

hamaca

zouzou

juguetes

game

consola de videojuegos

trisik

triciclo

nounours

osito de peluche

larmwar

armario

linz

ropa

soset

medias

leba

medias panty

kolan

calzas

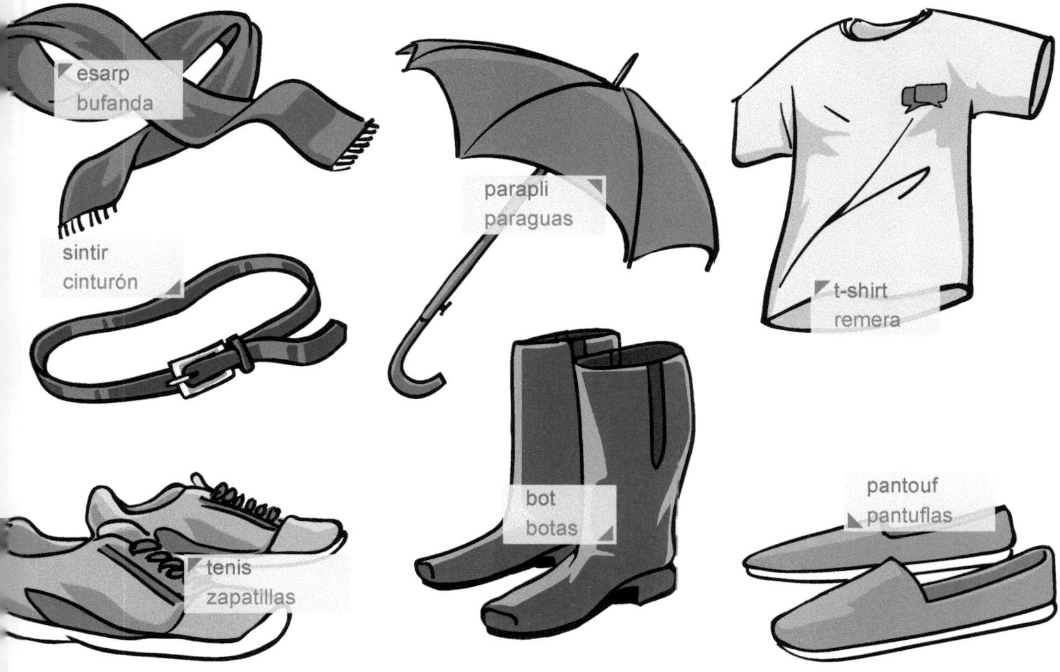

esarp
bufanda

parapli
paraguas

t-shirt
remera

sintir
cinturón

tenis
zapatillas

bot
botas

pantouf
pantuflas

sandalet
················
sandalias

soulie
················
zapatos

bot an karotsou
················
botas de goma

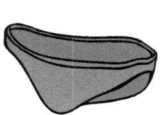

souvetman
················
ropa interior

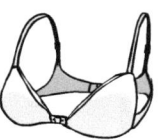

soutiengorz
················
corpiño

vest
················
chaleco

body

body

pantalon

pantalones

jeans

jeans

zip

pollera

blouz

blusa

simiz

camisa

pull-over

pulóver

blouzon ek kapison

buzo

vest

blazer

jaket

campera

manto

tapado

pardesi

piloto

kostim

traje

rob

vestido

rob lamarye

vestido de novia

kostim

traje

robdesam

camisón

pizama

pijama

sari

sari

foular

pañuelo para cabeza

tirban

turbante

bourka

burka

kaftan

caftán

abaya

abaya

mayo de bin

traje de baño

mayo de bin

short de baño

sorti de sekour

shorts

linz spor

jogging

tabliye

delantal

legan

guantes

bouton

botón

linet

anteojos

brasle

pulsera

kolie

collar

bag

anillo

zanon

aro

bone

gorra

sint

percha

sapo

sombrero

kravat

corbata

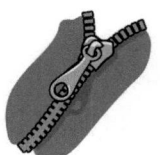

fermetirekler

cierre

elmet

casco

bretel

tiradores

iniform lekol

uniforme escolar

iniform

uniforme

bavwar

babero

siset

chupete

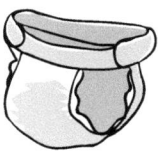

lanz

pañal

biro
oficina

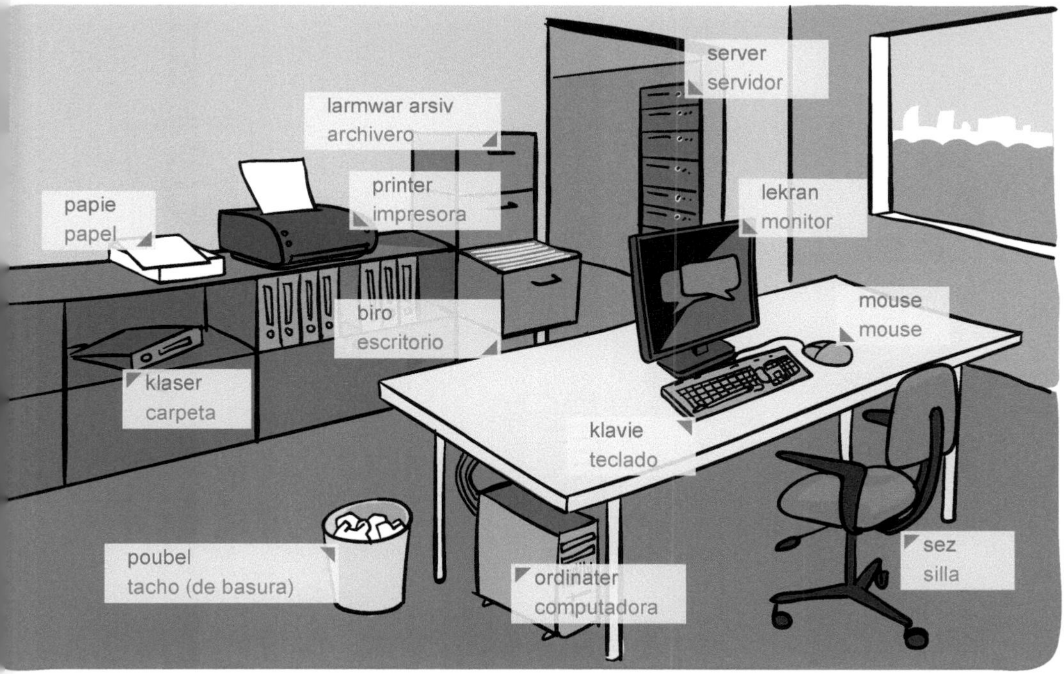

server
servidor

larmwar arsiv
archivero

printer
impresora

lekran
monitor

papie
papel

mouse
mouse

biro
escritorio

klaser
carpeta

klavie
teclado

poubel
tacho (de basura)

sez
silla

ordinater
computadora

mug

taza de café

kalkilatris

calculadora

internet

internet

laptop

laptop

let

carta

mesaz

mensaje

portab

celular

rezo

red

fotokopi

fotocopiadora

lozisiel

software

telefonn

teléfono

priz

tomacorriente

fax

fax

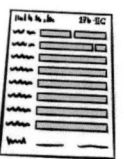

form

formulario

dokiman

documento

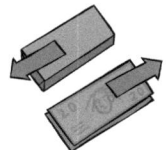

aste

comprar

peye

pagar

fer biznes

hacer negocios

larzan

dinero

dolar

dólar

euro

euro

yen

yen

rouble

rublo

fran swis

franco suizo

renminbi yuan

yuan

roupi

rupia

distribiter biye

cajero automático

biro sanz

casa de cambio

lor

oro

larzan

plata

petrol

petróleo

lenerzi

energía

pri

precio

kontra

contrato

tax

impuesto

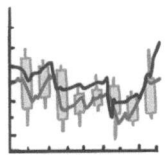

aksion

acción

travay

trabajar

anplwaye

empleado

anplwayer

empleador

lizinn

fábrica

magazin

negocio

travay
ocupaciones

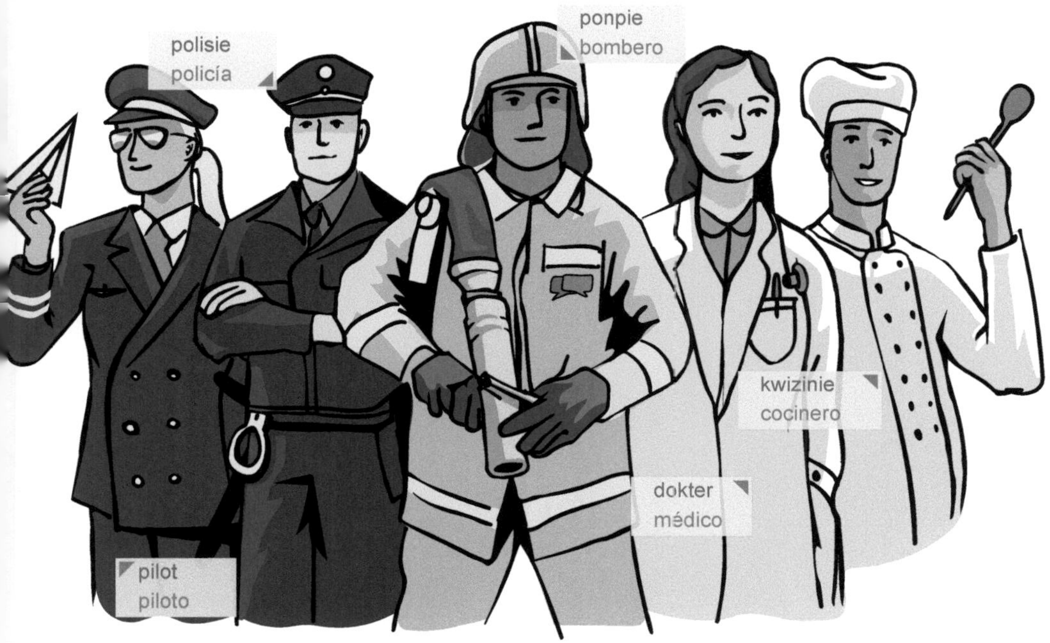
polisie
policía
ponpie
bombero
kwizinie
cocinero
dokter
médico
pilot
piloto

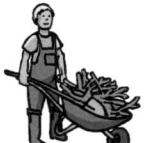

zardinie

jardinero

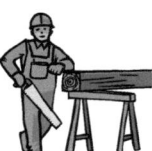

sarpantie

carpintero

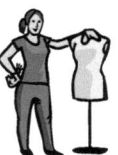

koutirier

modista

ziz

juez

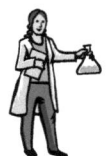

simis

farmacéutico

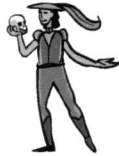

akter

actor

sofer bis

colectivero

sofer taxi

taxista

peser

pescador

bonn

mucama

zouvriye twa lakaz

techista

server

mozo

saser

cazador

pint

pintor

boulanze

panadero

elektrisien

electricista

zouvriye

albañil

inzenier

ingeniero

bouse

carnicero

plonbie

plomero

fakter

cartero

solda

soldado

arsitek

arquitecto

kesie

cajero

fleris

florista

kwafez

peluquero

chek

cobrador

mekanisien

mecánico

kapitenn

capitán

dantis

dentista

siantis

científico

rabi

rabino

imam

imán

mwann

monje

pret

sacerdote

zouti
herramientas

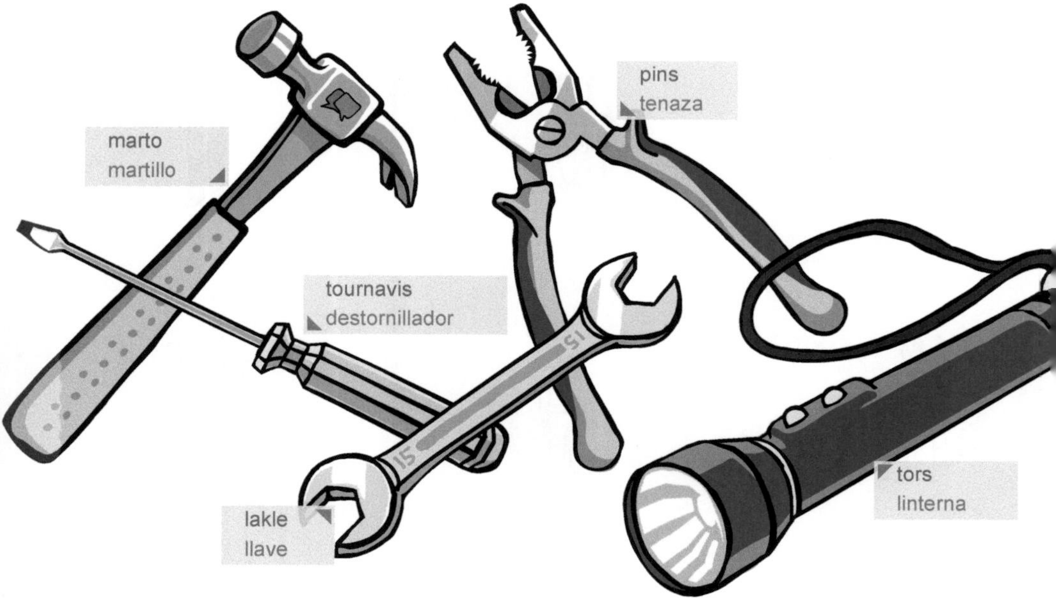
pins
tenaza
marto
martillo
tournavis
destornillador
tors
linterna
lakle
llave

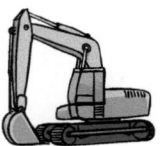

peltez

excavadora

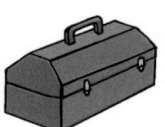

bwat zouti

caja de herramientas

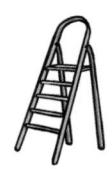

lesel

escalera portátil

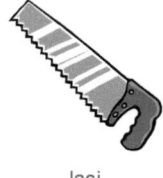

lasi

sierra

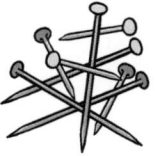

koulou

clavos

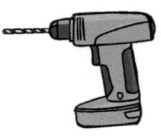

persez

taladro

aranze
arreglar

lapel
pala de jardín

Ayo!
¡Qué bronca!

lapel
pala de plástico

po lapintir
tacho de pintura

vis
tornillos

instriman lamizik

instrumentos musicales

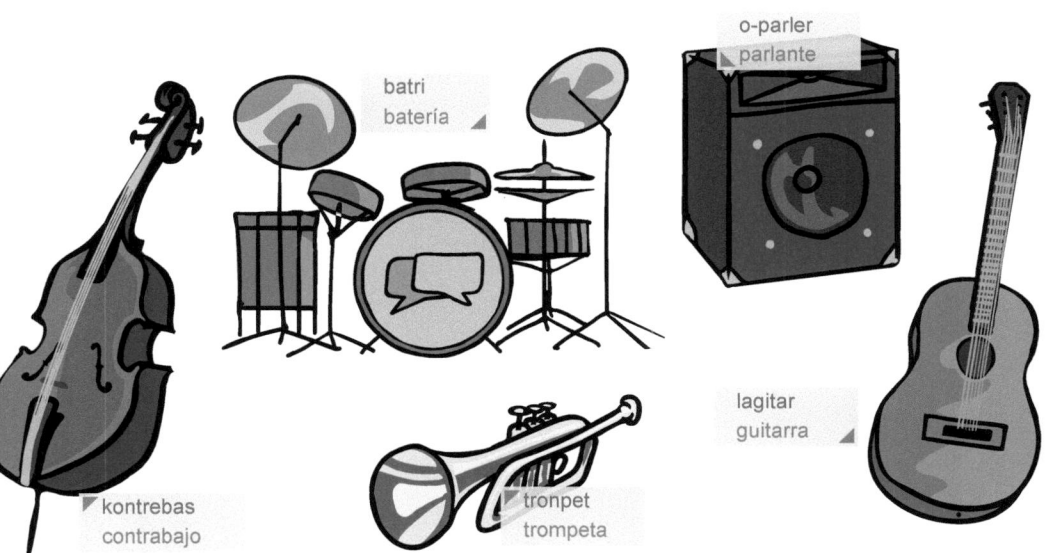

batri
batería

o-parler
parlante

lagitar
guitarra

kontrebas
contrabajo

tronpet
trompeta

piano
piano

violon
violín

bas
bajo

tinbal
timbales

tanbour
tambor

klavie
teclado

saxofonn
saxofón

laflit
flauta

mikro
micrófono

zoo
zoológico

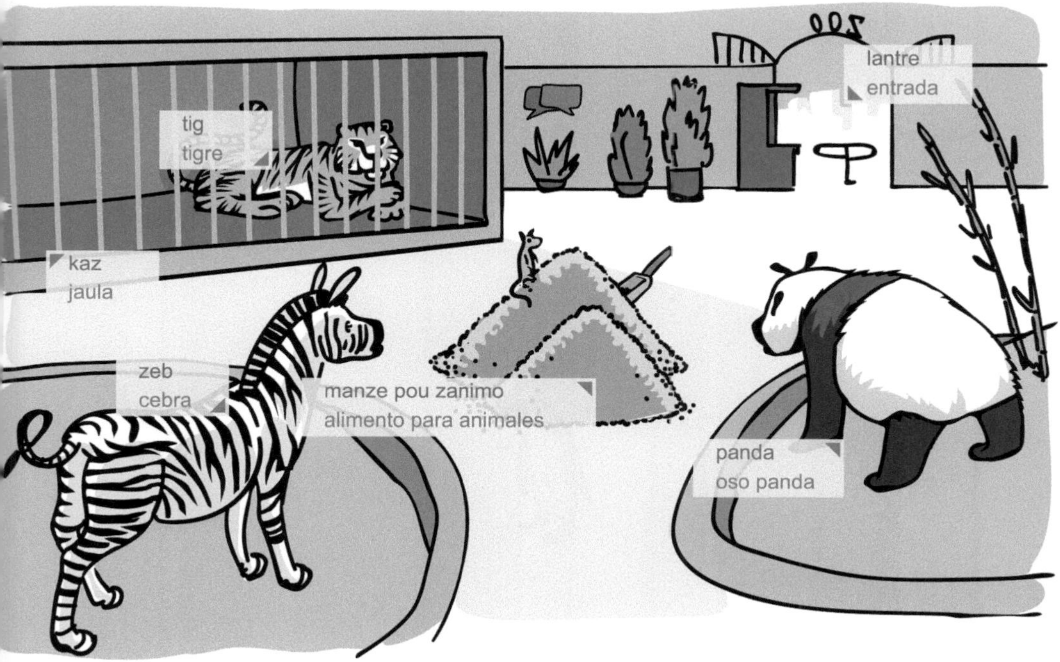
lantre
entrada
tig
tigre
kaz
jaula
zeb
cebra
manze pou zanimo
alimento para animales
panda
oso panda

zanimo
animales

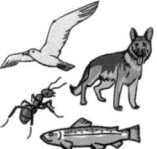

lelefan
elefante

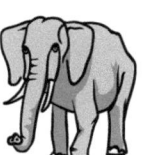

kangourou
canguro

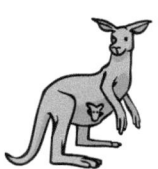

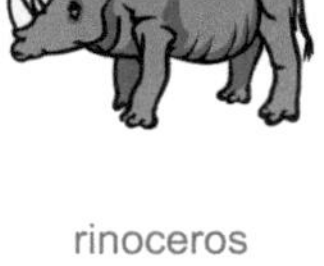
rinoceros
rinoceronte

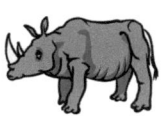

gori
gorila

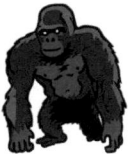

lours
oso

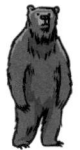

samo

camello

lotris

avestruz

lion

león

zako

mono

flaman roz

flamenco

peroke

loro

lours poler

oso polar

pingwi

pingüino

rekin

tiburón

pan

pavo real

serpan

serpiente

krokodil

cocodrilo

gardien zoo

cuidador del zoológico

fok

foca

zagwar

jaguar

zoo - zoológico

poney

poni

leopar

leopardo

ipopotam

hipopótamo

ziraf

jirafa

leg

águila

sangliye

jabalí

pwason

pescado

torti

tortuga

mors

morsa

renar

zorro

gazel

gacela

foutborl ameriken
fútbol americano

siklism
ciclismo

tenis
tenis

basketball
básquet

natasion
natación

labox
boxeo

oke lor gazon
hockey sobre hielo

foutborl
fútbol

badminton
bádminton

atletism
atletismo

handball
handball

ski
esquí

polo
polo

aktivite
actividades

sote
saltar
maye
abrazar
riye
reír
marse
caminar
sante
cantar
reve
soñar
priye
rezar
anbrase
besar

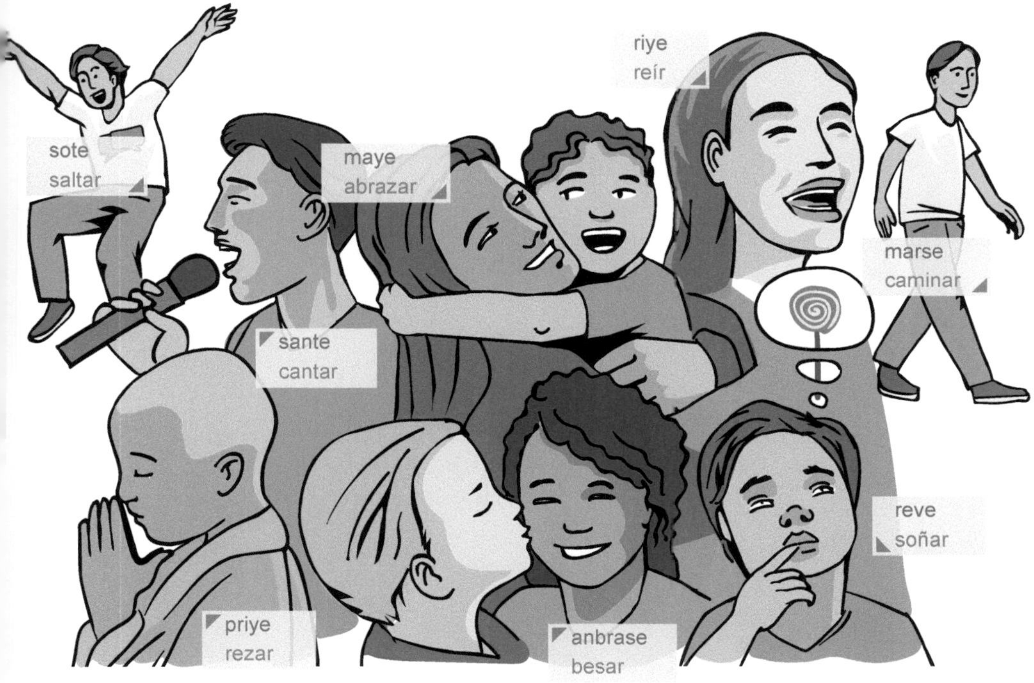

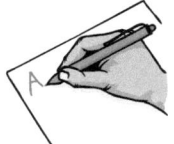

ekrir

escribir

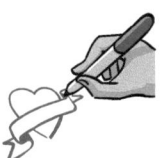

desine

dibujar

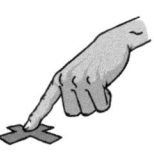

montre

mostrar

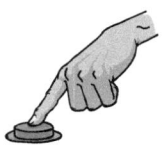

pouse

presionar

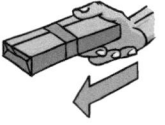

done

dar

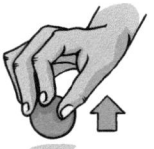

pran

tomar

ena
....
tener

fer
....
hacer

ete
....
ser

diboute
....
estar parado

galoupe
....
correr

rise
....
tirar

zete
....
tirar

tonbe
....
caer

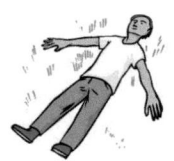

alonze
....
estar acostado

atann
....
esperar

amene
....
llevar

asize
....
estar sentado

abiye
....
vestirse

dormi
....
dormir

leve
....
despertar

gete

mirar

plore

llorar

karese

acariciar

pengne

peinar

koze

hablar

konpran

entender

dimande

preguntar

ekoute

escuchar

bwar

beber

manze

comer

netwaye

ordenar

kontan

amar

kwi

cocinar

kondir

manejar

anvole

volar

fer lavwal

navegar

kalkile

calcular

lir

leer

aprann

aprender

travay

trabajar

marye

casarse

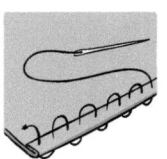

koud

coser

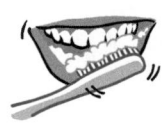

bros ledan

cepillarse los dientes

touye

matar

fime

fumar

avoye

enviar

granmer
abuela

granper
abuelo

papa
padre

mama
madre

ti-baba
bebé

tifi
hija

garson
hijo

ot
invitado

matant
tía

tonton
tío

frer
hermano

ser
hermana

lekor
cuerpo

fron
frente
lizie
ojo
zepol
hombro
ledwa
dedo
figir
cara
manton
pera
lame
mano
lazam
pierna
tete
pecho
lebra
brazo

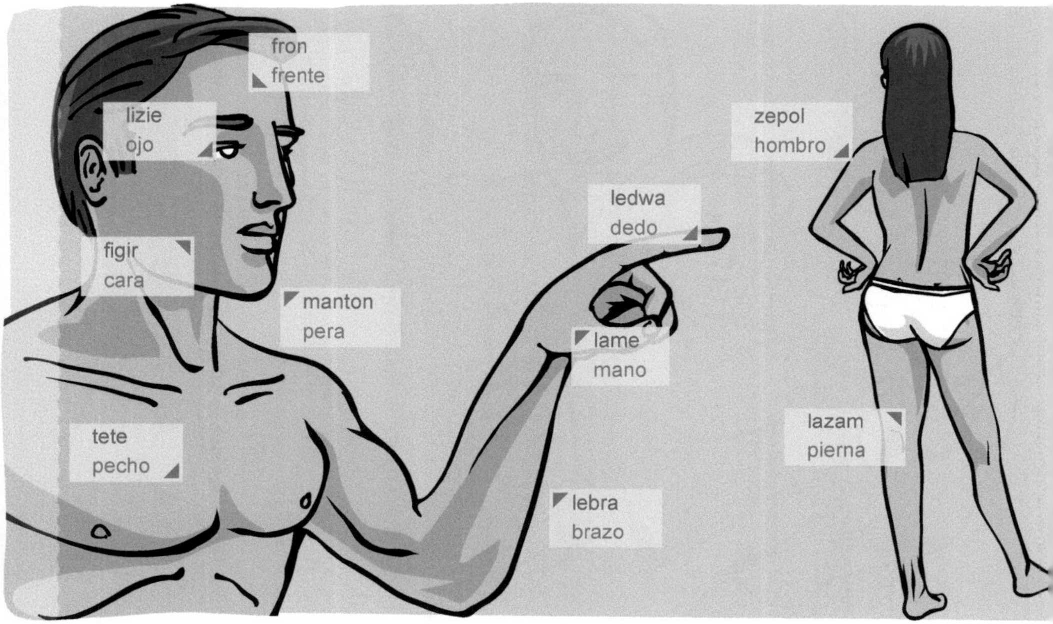

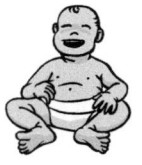

ti-baba

bebé

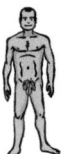

zom

hombre

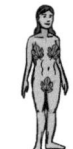

fam

mujer

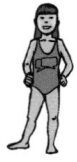

tifi

nena

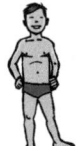

ti-garson

nene

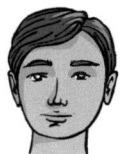

latet

cabeza

ledo

espalda

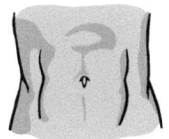

vant

panza

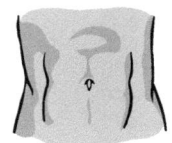

lonbri

ombligo

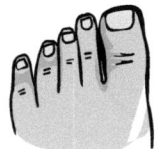

zortey

dedo del pie

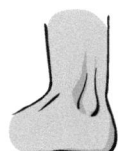

talon

talón

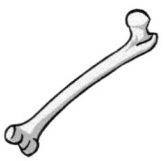

lezo

hueso

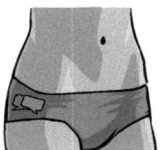

laans

cadera

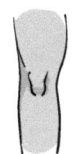

zenou

rodilla

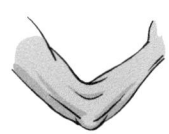

koud

codo

nene

nariz

fes

cola

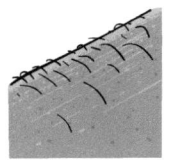

lapo

piel

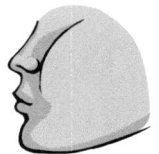

lazou

cachete

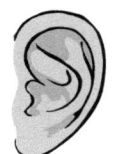

zorey

oreja

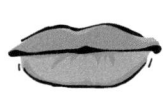

lalev

labio

labous
boca

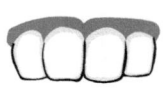

ledan
diente

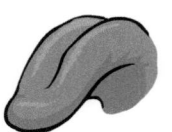

lalang
lengua

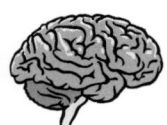

servo
cerebro

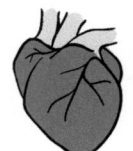

leker
corazón

mix
músculo

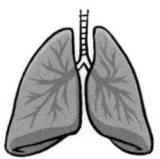

poumon
pulmón

lefwa
hígado

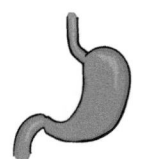

lestoma
estómago

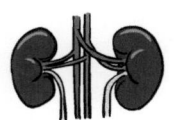

lerin
riñones

sex
sexo

kapot
preservativo

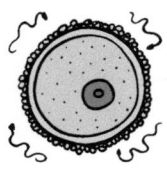

ovil
óvulo

sperm
semen

groses
embarazo

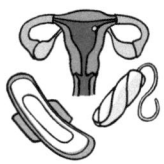

period
....
menstruación

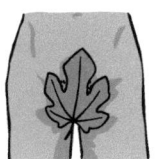

vazin
....
vagina

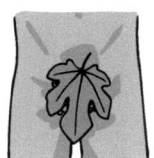

penis
....
pene

soursi
....
ceja

seve
....
pelo

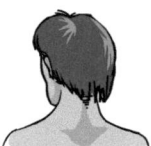

likou
....
cuello

lopital
hospital

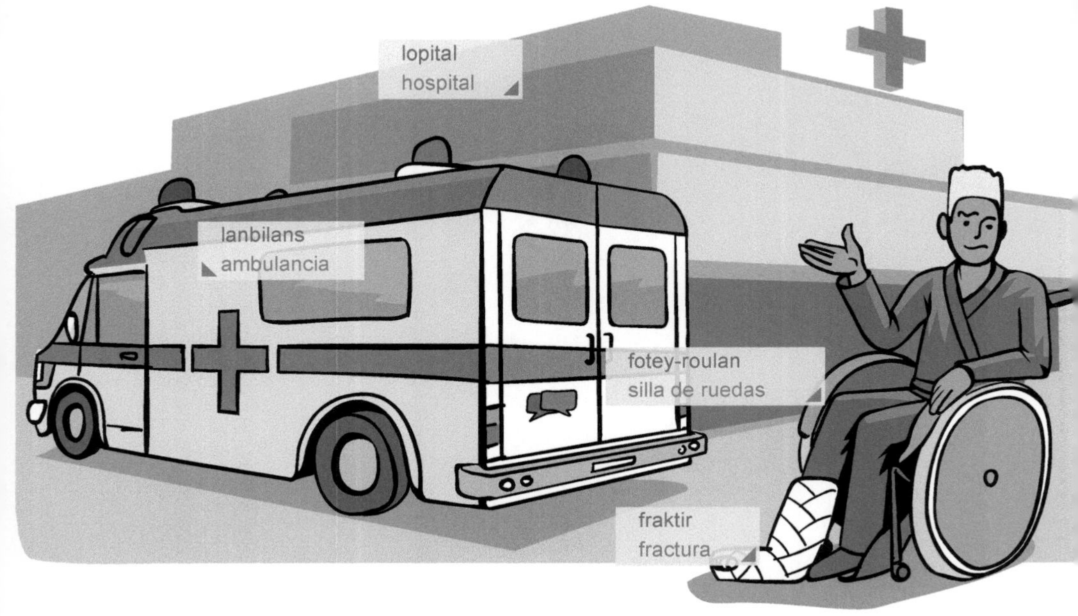

lopital
hospital
lanbilans
ambulancia
fotey-roulan
silla de ruedas
fraktir
fractura

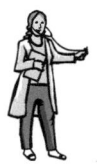

dokter
médico

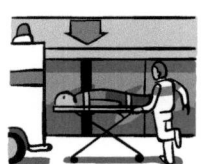

servis irzans
sala de guardia

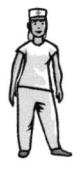

ners
enfermera

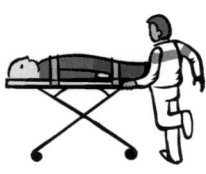

irzans
emergencia

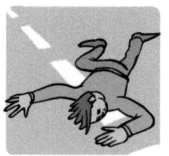

inkonsian
inconsciente

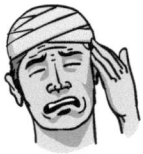

douler
dolor

blesir

lesión

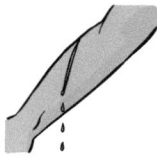

emorazi

hemorragia

kriz kardiak

infarto

atak serebral

ACV

alerzik

alergia

touse

tos

lafiev

fiebre

lagrip

gripe

diare

diarrea

malad latet

dolor de cabeza

kanser

cáncer

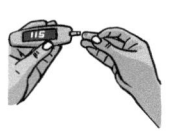

diabet

diabetes

sirirzien

cirujano

skalpel

bisturí

operasion

operación

CT
....
TC

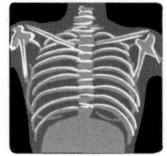

x-ray
....
rayos x

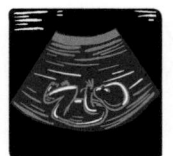

iltrason
....
ecografía

mask
....
barbijo

maladi
....
enfermedad

sal-datant
....
sala de espera

beki
....
muleta

pansman
....
curita

bandaz
....
venda

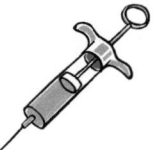

inzeksion
....
inyección

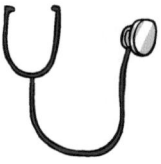

stetoskop
....
estetoscopio

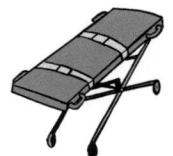

brankar
....
camilla

termomet
....
termómetro

nesans
....
nacimiento

sirpwa
....
sobrepeso

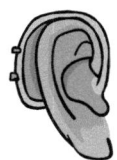

laparey oditif

audífono

dezinfektan

desinfectante

infeksion

infección

viris

virus

HIV / SIDA

VIH / SIDA

medsinn

remedio

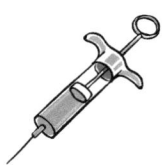

vaksinasion

vacunación

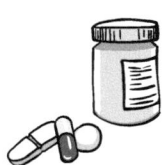

konprime

comprimidos

pilil kontraseptif

pastilla anticonceptiva

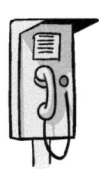

korl irzans

llamada de emergencia

laparey tansion

tensiómetro

malad / bien

enfermo / sano

o-sekour

¡Ayuda!

alarm

alarma

atak

agresión

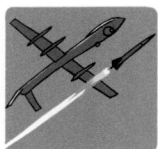

atak

ataque

danze

peligro

sorti de sekour

salida de emergencia

Dife!

¡Fuego!

laponp dife

matafuego

aksidan

accidente

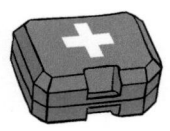

kit first aid

botiquín de primeros
auxilios

SOS

SOS

lapolis

policía

Ierop

Europa

Lamerik di nor

América del Norte

Lamerik di sid

América del Sur

Iafrik

África

Iazi

Asia

Iostrali

Australia

Iatlantik

Atlántico

pasifik

Pacífico

Iosean indien

Océano Índico

Iosean antartik

Océano Antártico

Iosean artik

Océano Ártico

Pol Nor

polo norte

Pol Sid

polo sur

lantartik

Antártida

later

Tierra

later

tierra

lamer

mar

zil

isla

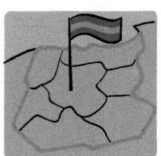

nasion

nación

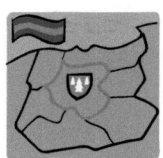

leta

estado

kadran

esfera

zegwi ler

manecilla de las horas

zegwi minit

minutero

zegwi segonn

segundero

ki ler la ?

¿Qué hora es?

zour

día

letan

hora

aster-la

ahora

mont dizital

reloj digital

minit

minuto

ler

hora

lasemenn
semana

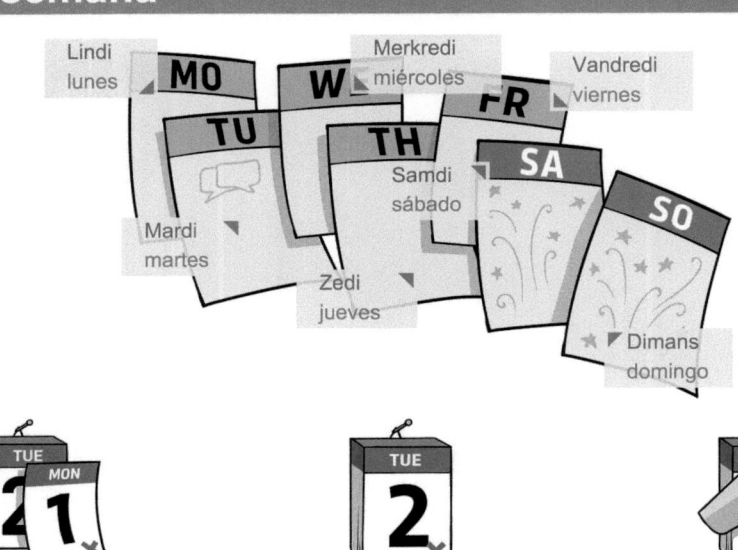

Lindi / lunes — MO
Mardi / martes — TU
Merkredi / miércoles — W
Zedi / jueves — TH
Vandredi / viernes — FR
Samdi / sábado — SA
Dimans / domingo — SO

yer
ayer

zordi
hoy

demin
mañana

gramatin
mañana

midi
mediodía

aswar
tarde

zour travay
días hábiles

wikenn
fin de semana

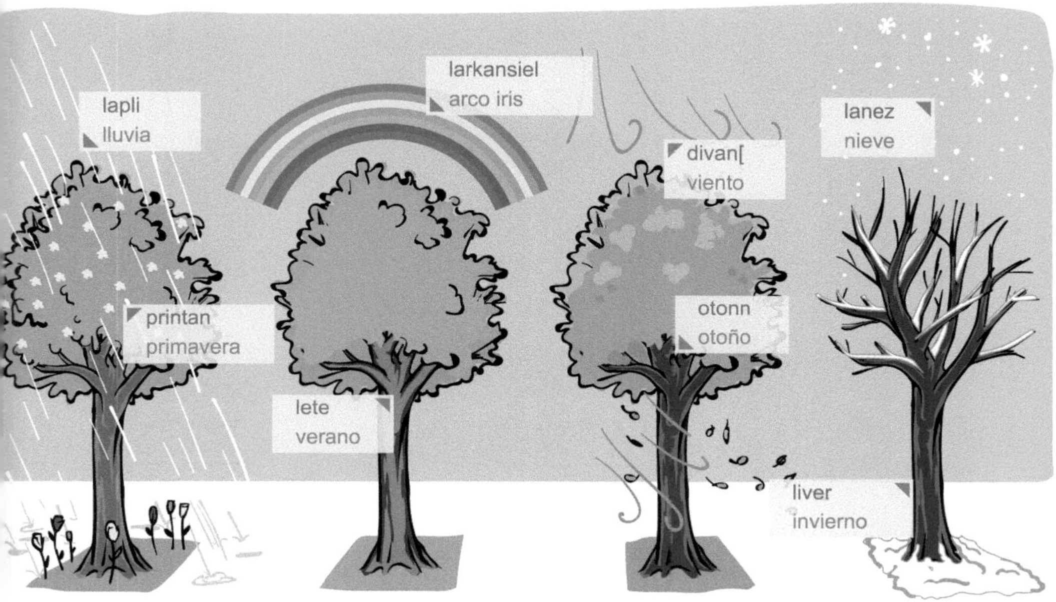

lapli
lluvia
larkansiel
arco iris
divan[
viento
lanez
nieve
printan
primavera
lete
verano
otonn
otoño
liver
invierno

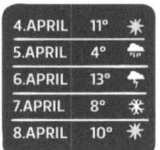

4.APRIL 11°
5.APRIL 4°
6.APRIL 13°
7.APRIL 8°
8.APRIL 10°

meteo

pronóstico meteorológico

F C
120 90 60 30 0 -30
40 30 20 10 0 -10 -20

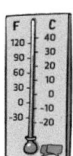

termomet

termómetro

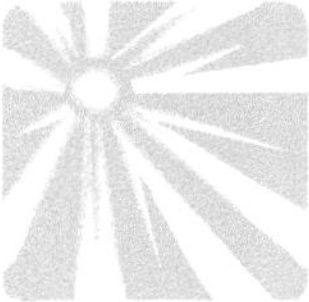

lalimier soley

luz del sol

niaz

nube

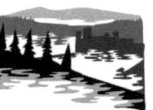

brouyar

niebla

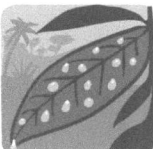

limidite

humedad

lafoud
rayo

toner
trueno

tanpet
tormenta

lagrel
granizo

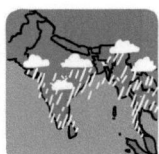

mouson
monzón

inondasion
inundación

laglas
hielo

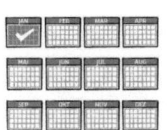

Zanvie
enero

Fevriye
febrero

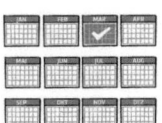

Mars
marzo

Avril
abril

Me
mayo

Zien
junio

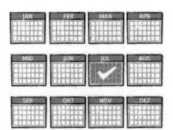

Zilie
julio

Out
agosto

Septam
....

septiembre

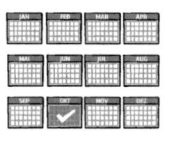

Oktob
....

octubre

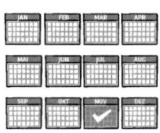

Novam
....

noviembre

Desam
....

diciembre

ron
....

círculo

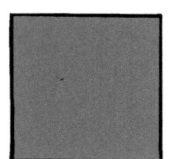

kare
....

cuadrado

rektang
....

rectángulo

triang
....

triángulo

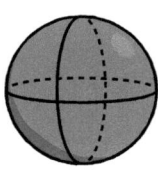

sfer
....

esfera

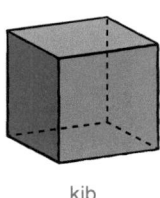

kib
....

cubo

blan

blanco

zonn

amarillo

oranz

naranja

roz

rosa

rouz

rojo

mov

violeta

ble

azul

ver

verde

maron

marrón

gri

gris

nwar

negro

boukou / enn tigit

mucho / poco

ankoler / kalm

enojado / tranquilo

zoli / vilin

lindo / feo

koumansman / lafin

principio / fin

gro / tipti

grande / chico

kler / obskirite

claro / oscuro

frer / ser

hermano / hermana

prop / sal

limpio / sucio

konple / inkonple

completo / incompleto

lizour / lanwit

día / noche

vivan / mor

muerto / vivo

larz / sere

ancho / angosto

komestib / inkomestib

comestible / no comestible

move / bon

malo / amable

exsite / agase

entusiasmado / aburrido

gra / mins

gordo / flaco

premie / dernie

primero / último

kamwad / lennmi

amigo / enemigo

ranpli / vid

lleno / vacío

dir / mou

duro / blando

lour / leze

pesado / liviano

fin / swaf

hambre / sed

malad / bien

enfermo / sano

ilegal / legal

ilegal / legal

intelizan / kouyon

inteligente / estúpido

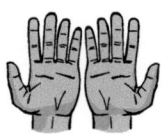

gos / drwat

izquierda / derecha

pre / lwin

cerca / lejos

nouvo / ize

nuevo / usado

nanye / kiksoz

nada / algo

vie / zenn

viejo / joven

demare / arete

encendido / apagado

ouver / ferme

abierto / cerrado

trankil / for

silencioso / ruidoso

ris / pov

rico / pobre

bon / move

correcto / incorrecto

brit / lis

áspero / suave

tris / zwaye

triste / contento

kourt / long

corto / largo

lan / rapid

lento / rápido

tranpe / sek

mojado / seco

so / fre

caliente / frío

lager / lape

guerra / paz

0

zero

cero

1

enn

uno

2

de

dos

3

trwa

tres

4

kat

cuatro

5

sink

cinco

6

sis

seis

7

set

siete

8

wit

ocho

9

nef

nueve

10

distribiter biye

diez

11

onz

once

12

douz

doce

13

trez

trece

14

katorz

catorce

15

kinz

quince

16

sez

dieciséis

17

diset

diecisiete

18

dizwit

dieciocho

19

diznef

diecinueve

20

vin

veinte

100

san

cien

1.000

mil

mil

1.000.000

milyon

millón

Angle

inglés

Angle Lamerik

inglés americano

Mandarin Sinwa

chino mandarín

Hindi

hindi

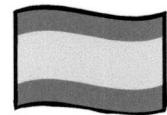

espagnol

español

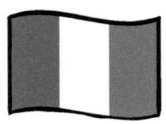

Franse

francés

Arab

árabe

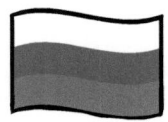

Ris

ruso

Portige

portugués

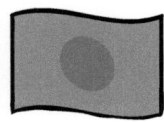

Bengali

bengalí

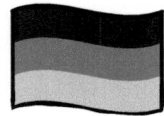

Alman

alemán

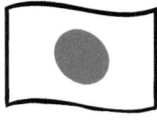

Zapone

japonés

mo
yo

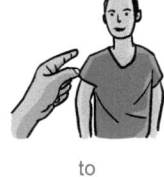

to
vos

li
él / ella

nou
nosotros

ou
ustedes

zot
ellos

kisana?
¿quién?

kiete?
¿qué?

kouma?
¿cómo?

kotsa?
¿dónde?

kan?
¿cuándo?

nom
nombre

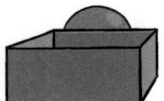

deryer

detrás

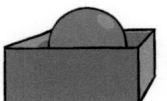

dan

en

devan

adelante de

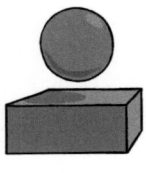

lor

por encima de

lor

sobre

anba

debajo de

akote

al lado de

ant

entre

plas

lugar